Chanoine Ch. CHAPELIER

ÉGLISE NOTRE-DAME

DE

MIRECOURT

SAINT-DIÉ
TYPOGRAPHIE ET LITHOGRAPHIE C. CUNY
Quai Carnot
—
1913

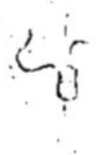

ÉGLISE NOTRE-DAME

DE

MIRECOURT

ÉGLISE NOTRE-DAME

DE

MIRECOURT

SAINT-DIÉ
TYPOGRAPHIE ET LITHOGRAPHIE C. CUNY
Quai Carnot

—

1913

ÉGLISE NOTRE-DAME

DE

MIRECOURT

LES ORIGINES

Avant le XIVᵉ siècle, Mirecourt dépendait de la paroisse de Vroville, dont la Chapelle de la Oultre était l'annexe. Construit dès le XIᵉ siècle (¹) sur la rive droite du Madon, l'antique sanctuaire ne répondait plus aux nécessités religieuses de la population qui, s'établissant de préférence sur la rive gauche de la rivière, inaugurait et développait ainsi la ville haute actuelle. De fréquentes inondations entravaient l'assistance aux offices paroissiaux, retardaient les funérailles, et à certains jours d'orage et de pluie, le passage du Madon n'était pas sans danger. Aussi, lorsque en 1303, Henriet et sa femme Idatte firent à la ville don d'un terrain de la rive gauche pour la construction d'une église, l'offre fut joyeusement acceptée, et l'on jeta sans retard les assises de l'édifice. L'Evêque de Toul, Jean de Sierk, posa lui-même la pre-

---

(1) Il fut modifié et agrandi au XVᵉ siècle.

mière pierre et consigna dans une ordonnance du 18 février 1303 (1) l'origine et les motifs de la nouvelle construction.

« Nous, dit-il, par la grâce de Dieu, Evêque de Toul, à tous et à chacun en particulier, tant présents qu'à venir, qui ces présentes lettres verront, salut perpétuel en Notre Seigneur.

« Que tous et chacun sachent que spécialement se sont présentés devant nous en personne Henry dit Henriet, chef ou maire de la ville (2), et Idatte son épouse, et qu'ils ont donné et cédé entièrement, librement et irrévocablement, par donation entre vifs, à Dieu et à l'église de la Bienheureuse Vierge Marie, de la dite bourgade de Mirecourt, un emplacement ou fonds de terre qu'ils possédaient en dehors des murs de la dite bourgade, situé près de la place publique, entre la maison de l'ouvrier Clerc, d'une part, et celle de maître Salverin, d'autre part, pour l'avoir, le tenir et posséder à perpétuité et y élever et construire une église ou chapelle paroissiale, à la place de l'ancienne église ou chapelle de la même bourgade, située en dehors des murs et au-delà de la rivière du dit Mirecourt, aux clauses et conditions toutefois réservées que le curé de ce lieu et son successeur fera et aura soin qu'il soit fait chaque année, après le décès des dits époux Henriet et Idatte, un anniversaire convenable.

« Laquelle donation faite de la manière indiquée, nous

---

(1) Le texte latin se trouve au commencement et à la fin d'un Cartulaire. — XVIIe siècle — des Archives de l'Hôtel de Ville de Mirecourt, et M. Ch. Laprevote l'a reproduit dans la *Notice sur la Ville de Mirecourt*, p. 172.

(2) Plusieurs historiens ont traduit le mot *Villicus* de l'ordonnance épiscopale par Métayer. L'acception me semble ici toute différente, et je m'en rapporte à l'interprétation de Ducange : « Villicus, Villæ gubernator ou gouverneur de ville. »

étant constante et agréable, nous l'avons confirmée et confirmons par les présentes.

« Et nous rendant à la prière et voulant condescendre à la piété des habitants de la bourgade de Mirecourt, nous leur avons accordé et accordons la permission de construire dans cet emplacement ou fonds de terre, une église ou chapelle, en l'honneur de la Bienheureuse Vierge, à la place de l'ancienne église ou chapelle susdite, dont l'accès, à cause des fréquentes inondations de la rivière, l'intempérie des saisons et plusieurs autres empêchements, était rendu difficile aux dits curés et paroissiens, et diminuait leur dévotion.

« Et dans cet emplacement ou fonds de terre destiné à la construction et édification de l'église ou chapelle paroissiale, à la place de l'ancienne, ainsi qu'il est octroyé, nous avons posé la première pierre fondamentale d'une nouvelle église ou chapelle, qui dépendrait de l'église de Vroville, comme auparavant, voulant que des fonts baptismaux y soient édifiés, à cause des dangers auxquels sont exposés les petits enfants.

« Mais comme cet emplacement ou fonds de terre ne peut contenir un cimetière, l'ancienne église ou chapelle restera avec son cimetière à l'état primitif, pour ensevelir les morts et célébrer les messes, obsèques et anniversaires des défunts, une ou plusieurs fois par semaine, selon l'inspiration du Seigneur.

« En foi de quoi nous avons apposé notre sceau aux présentes lettres, l'an du Seigneur 1303, le lendemain du Dimanche : *Esto mihi* (1). »

---

(1) Le dimanche *Esto mihi* ou de la quinquagésime tombait, en 1303, le 17 février ; l'ordonnance épiscopale date alors du lendemain 18 février.

PREMIERS TRAVAUX — XIVe SIÈCLE

Le terrain donné par Henriet se trouvait en dehors des fortifications, sur le flanc d'un vaste et riant coteau sillonné par une route allant de Vaudémont vers le sud [1]. L'église fut orientée est-ouest ; mais les difficultés provenant de la déclivité du sol et la pénurie de ressources pécuniaires suspendirent la marche des travaux et l'on dut momentanément se borner à la tour [2], aux deux premières travées et à leurs collatéraux.

Après l'époque romane, ou du moins après le XIIIe siècle, les clochers ne s'élèvent plus sur le chœur, mais sur la façade occidentale, avec une porte d'entrée. Le plein cintre est fréquemment conservé et l'arc brisé n'apparaît qu'à de rares intervalles. Les maîtres-maçons lorrains et surtout vosgiens, gardèrent longtemps les traditions et les formes de l'art roman [3]. Le clocher de l'église Notre-Dame de Mirecourt est un exemple typique de cette persistance du roman et de la lente inoculation, dans nos contrées, des nouvelles méthodes

---

(1) M. F. CLASQUIN. — *Mirecourt, Temps passés — Temps présents* in-4, Paris et Nancy, Berger-Levrault, 1911, p. 94, l'appelle « la grande route de Besançon à Luxembourg. »

(2) Cette tour est frappée d'alignement. Les grilles de ses travées extérieures datent de 1889, et pour les installer, on dut solliciter l'autorisation du Conseil municipal et de l'administration des ponts et chaussées.

(3) G. DURAND, *Les Eglises romanes des Vosges*, in-4, Paris, Champion 1913, pp. 130-131.

architecturales (1). Il offre tous les caractères du XII⁰
siècle, et date pourtant du XIVᵉ.

Les tours et leurs beffrois se terminaient par des flè-
ches, dont fréquemment on remettait à plus tard la
construction, et bien peu de l'époque gothique sont contemporaines du monument qu'elles surmontent. Elles
consistaient, à l'origine, en de grandes pyramides posées
sur des tours carrées ; mais bientôt elles prennent plus
d'importance, affectent à la base la forme octogone et
finissent par devenir très aiguës. M. F. Clasquin a figuré
pour l'église de Mirecourt une flèche à quatre pans pour
l'époque antérieure à 1755, et octogonale à partir de
cette date. Il est probablement dans le vrai (2).

A quel siècle remonte la première flèche de l'église
Notre-Dame de Mirecourt ? Nous l'ignorons. Toujours
est-il que ces charpentes fort élevées périssent parfois
rapidement à la suite de torsions qui se produisent de
proche en proche, de la base au faîte. L'action du vent,
le poids, finissent par fatiguer un point plus faible que
les autres ; tout l'effort s'accumule sur cette partie, et il
se fait un mouvement de rotation qui brise les assem-
blages, courbe le bois et entraîne la ruine de la char-
pente. C'est ce qui explique les multiples restaurations
de la flèche de Mirecourt d'ailleurs sérieusement endom-
magée par la foudre, le 15 octobre 1702, (3) et sa recons-
truction en 1755 (4).

_____

(1) André PHILIPPE, *L'Église Saint-Maurice d'Epinal*, grand in-8.
Paris, J. Dumoulin. p 28. Note.

(2) François CLASQUIN, *Mirecourt, Temps passés — Temps présents*.

(3) Les archives de l'Hôtel-de-Ville mentionnent ces réparations
et l'on s'étonne de leur fréquence.

(4) A la suite d'une adjudication approuvée en 1755, par de la Ga-
laizière, chancelier et intendant de Lorraine, on rebâtit la flèche à
neuf. Les travaux furent confiés à Claude et Joseph Cornu, ouvriers
couvreurs, et à Vernet, charpentier, dont le nom se lit encore, au sud,
sur un des montants de la boule. *Mirecourt*, par le Dᵣ MERGAUT. Ms.
de ma collection.

Les colonnes des deux travées antérieures, seules contemporaines des travaux primitifs, sont monocylindriques ; le tore apparaît sur les nervures et aux fenêtres géminées et cintrées. L'édifice se terminait probablement par une abside en cul-de-four (1). Cette disposition persista en Occident jusque vers le milieu du XIIe siècle, et plus tard encore dans nos régions. La forme en quart de sphère fut si bien adoptée dès les temps mérovingiens, qu'elle paraissait consacrée, et le clergé n'y renonça qu'avec peine.

Telle fut, au sortir du berceau, l'église Notre-Dame de Mirecourt : une tour, deux travées, leurs bas-côtés et une abside de l'époque. Les édifices religieux entièrement bâtis au XIVe siècle sont rares ; plus rares encore au siècle suivant. La France ne se ressaisit qu'à la fin du XVe et au commencement du XVIe siècle, où elle imprime un nouvel essor à l'architecture religieuse.

Travaux du XVe siècle

Mirecourt s'agrandissait sur la rive gauche du Madon, et à une population plus dense il fallait un plus vaste sanctuaire. La reprise des travaux de l'église accuse le milieu du XVe siècle La troisième travée et la quatrième sont plus étroites ; leurs points d'appui changent de forme et comprennent plusieurs éléments dont chacun supporte une des charges de la voûte. Les nervures prennent dans les colonnes sans chapiteaux, les moulures sont prismatiques, et il paraît bien que cet ensemble n'est guère postérieur à 1450.

Ces constructions successives s'enchâssent pour ainsi dire l'une dans l'autre et se confondent dans un accord

---

(1) Voûte en quart de sphère ressemblant, en effet, au fond d'un four à pain.

harmonieux. Entre les églises gothiques et les églises romanes, il n'y a ni brisure, ni antagonisme, il y a simplement progrès. On admire sans doute l'ordonnance intérieure et extérieure d'un édifice où l'unité n'est rompue dans la moindre de ses parties ; mais il faut admirer aussi ces maîtres de l'art, qui échelonnés de la fin du XIe siècle au XVIe, ne profilèrent pas tous leurs coupes sur une épure invariable. Il faut les louer d'avoir vu le beau sous mille faces diverses, mais surtout de leur généreuse pensée, de leur effort de génie pour conserver le travail d'ouvriers d'un autre âge. L'église de Mirecourt est un exemple de cette unité relative dans la variété des styles.

Le Chœur

L'archéologue n'hésite pas à le dater de 1510 à 1520. Ce fut mon opinion première corroborée plus tard par une étude spéciale de cette partie de l'édifice et le jugement des connaisseurs. Toutefois, je dois reproduire ici l'opinion de l'éminent architecte, M. F. Clasquin, qui diffère de la mienne. « Il semble, à première vue, écrit-il (1) que l'on ait construit (vers 1450) deux travées, en s'arrêtant au chœur dont les points d'appui diffèrent complètement des précédents, pour affecter les formes du dix-septième siècle ; un examen plus attentif nous permettra de reconnaître que toute la nef et le chœur, sauf les bas-côtés et le transept, ont été terminés lors de la reprise exécutée au quinzième siècle.

« Tout d'abord, le système des voûtes est le même dans toutes ces parties et de plus, les archives municipales nous apprennent que la chapelle de la Vierge, côté droit du transept, a été édifiée en 1626 (2) sur un terrain

---

(1) F. CLASQUIN, *Mirecourt, Temps passés — Temps présents*, p. 158.

(2) En réalité la clef de voûte du transept, côté droit, porte, comme nous le verrons plus loin, le millésime 1602, et l'autel de cette partie de l'église fut consacré en 1612.

acheté 1.300 livres par Béchamp en 1615. Donc, antérieu-
rement à 1615, à droite du chœur, l'église se limitait à la
nef et si, plus tard, au commencement du dix-septième
siècle, on agrandit le sanctuaire en lui adjoignant transept et bas-côtés, cette opération se fit en modifiant la
forme des points d'appui construits au quinzième siècle,
et dont les contreforts sont aujourd'hui noyés dans la
masse des maçonneries de revêtement qui donnent à ces
points d'appui l'allure du dix-septième siècle. »

Ces observations sont loin d'être concluantes. La simi-
litude des voûtes ne prouve rien ; car de 1450 aux premières années du XVIe siècle, dans cet intervalle relativement court, le même système architectural persista
sans doute ininterrompu et en usage dans la contrée. Et
d'ailleurs le raccord avec le transept put s'opérer, exactement le même, qu'il s'agisse d'une modification de
points d'appui du XVe ou du XVIe siècle.

Trois chapelles absidales avec fenêtres et dans le style
de l'époque ceignaient et terminaient le chevet du chœur.
On les éventra plus tard pour donner accès à la sacristie, (1) mais on aperçoit encore, derrière le maître-autel,
leurs voûtes et leurs contours, et l'absidiole septentrio-
nale a gardé sa fenêtre.

Collatéraux. IIe et IIIme travées

Les collatéraux des deuxième et troisième travées
appartiennent à la fin du XVIe ou au commencement du

---

(1) La première sacristie date probablement de 1620 ; elle est de
plain-pied avec le chœur et construite en bordure sur la rue Basse.
On y arrivait par l'absidiole de droite transformée en sombre couloir
éclairé longtemps plus tard par une fenêtre de la toiture. La seconde
sacristie date de 1850, à la suite de l'achat de la maison Gachenot.
Son installation fut difficile, même périlleuse. On s'entoura de pré-
cautions qui ne furent pas inutiles, et l'on solidifia les bases de
l'édifice sur ses flancs est et nord-est.

XVII° siècle. L'édifice primitif n'avait qu'une entrée : le porche principal ; mais un compte de l'année 1605 (1) mentionne une somme de 219 francs affectée à l'ouverture de deux portes (2) et de deux fenêtres dans les bas-côtés. La construction de ces basses-nefs nécessita la modification des points d'appui de la période précédente. C'est l'inéluctable loi de l'évolution architectonique, et d'ailleurs un œil exercé remarque des pierres d'arrachement qui dénotent un œuvre plus récent.

Les collatéraux furent bientôt envahis par de nombreux autels secondaires accolés aux murailles ou adossés aux piliers. Ces autels, parfois qualifiés de chapelles, entravaient la circulation, et par leurs formes vulgaires ou grotesques nuisaient à la piété. Aussi Mgr François Blouet de Camilly, évêque de Toul, les supprime-t-il par une ordonnance du 28 juin 1709, « comme inutiles, peu élégants, exposés aux profanations, enjoint qu'on emploie les rétables, tableaux et ornements qui en proviennent à la décoration des autres autels qui jouiront des fondations attachées aux premiers, et défend qu'à l'avenir on en élève de semblables. » (3)

A peine construits, les bas-côtés de l'église subirent les plus fâcheuses dégradations.

Le duc Henry, par une ordonnance rendue à Plombières, le 13 mai 1609, avait établi à Mirecourt un Conseil de ville composé de douze bourgeois et d'un maire, élus par leurs concitoyens. Il n'y avait alors dans la cité ni hôtel ni maison de ville (4) et pourtant un local devenait

---

(1) *Archives de l'Hôtel de Ville*, CC. 14.

(2) Ces portes furent exhaussées en 1707-1708, à l'époque du déblayement de la tour. *Archives de l'Hôtel de Ville*, BB. 22.

(3) Quelques années auparavant, on avait projeté la démolition des autels des quatre premiers piliers, mais il semble bien que ce fut lettre morte. *Archives de l'Hôtel de Ville*, BB. 22.

(4) L'Hôtel de Ville ne fut acquis sur le domaine ducal qu'en 1735.

indispensable comme siège de la mairie et pour les réunions du conseil. Par économie sans doute, on enleva la toiture du bas-côté septentrional, sur lequel on construisit une salle de commune (1) et un large couloir où l'on accédait au moyen de l'escalier extérieur qui subsiste encore aujourd'hui. C'était laid, incommode et surtout indécent. Les bruits du voisinage troublaient les offices, et Mgr de Bissy, évêque de Toul (2), crut devoir ordonner en 1689, la fermeture des fenêtres qui éclairaient cette partie de l'édifice grevée d'une si inconvenante servitude. (3)

Le collatéral droit ne fut pas mieux traité. On utilisa d'abord le petit terrain resté vague, au midi, de la rue Haute à la chapelle Notre-Dame, pour y construire, a-t-on dit, la maison de cure. (4) Les fenêtres du bas-côté sud se trouvèrent de la sorte emprisonnées et ne donnèrent plus qu'une lumière affaiblie.

Ce n'est pas tout. Alors que Messire Claude Pasticier administrait Mirecourt (5) et occupait la maison presby-

---

(1) C'est actuellement la bibliothèque communale.

(2) F. CLASQUIN, *Mirecourt, Temps passés — Temps présents*, p. 160, date de l'année 1649, sous l'épiscopat de Mgr de Billy (*sic*), la fermeture ou suppression des fenêtres du collatéral gauche. En réalité, il s'agit de Mgr de Bissy, et les fenêtres furent murées en 1689.

(3) Après l'installation de la mairie dans l'Hôtel actuel, l'ancien local fut occupé jusqu'en 1790, par les tailleurs, cordonniers et bourreliers des régiments de cavalerie en garnison à Mirecourt. Quelques années après il fut confisqué et vendu, comme bien d'église ; la ville le racheta en 1830, aux héritiers du sieur Thirion qui en avait été l'acquéreur.

(4) Il semble que cette maison existait déjà comme habitation particulière. Nous trouvons, en effet, dans les archives communales, un « Acte de renonciation et transport fait par Philippe du Hault, le 17 septembre 1729, d'une maison située près de l'église de la ville, au profit de la même ville de Mirecourt, pour y faire la maison de cure. » DD. 3.

(5) De 1613 à 1635.

térale, il s'avisa de supprimer la toiture du bas-côté gauche et de la remplacer par une plate-forme. Après son décès, les sieurs Mayeur et conseillers de ville intentèrent un procès à ses héritiers, pour les faire condamner à rétablir les lieux dans l'état primitif. Une sentence du Bailliage rendue le 31 août 1636, « nomme un commissaire avec experts à prendre d'office pour reconnaître les incommodités que les défendeurs auraient manqué de réparer. » Cette contestation se termina sans doute par une transaction et une indemnité payée à la ville par les héritiers Pasticier, car jusqu'en 1707, le local resta dans le même état.

C'est alors qu'il fut modifié plus fâcheusement encore par la construction de deux chambres, de deux cabinets et d'une galerie d'accès, au-dessus du collatéral et de la chapelle de la Vierge. (1) Cette nouvelle bâtisse, inconvenante et fantaisiste, ne nous surprend pas, car la règle architectonique de la fin du XVIIe siècle et du commencement du XVIIIe, est de n'obéir à aucune règle. Messire Payen, alors curé de Mirecourt, (2) se chargea du travail moyennant 1.500 livres accordées par la ville. Cette somme fut insuffisante, et le curé dut ajouter deux mille autres livres. Au déclin du XVIIIe siècle, on réunit ces appartements pour en faire une salle d'école primaire.

Ces constructions latérales ou superposées sont hautement réprouvées par l'art et par l'Eglise. Il ne faut pas à coup sûr, entasser les bâtiments voisins de manière à dérober des parties considérables de l'édifice à l'œil qui le contemple ; il ne faut pas que des maisons viennent s'incruster entre les contreforts. Le voisinage des habitations souille le sanctuaire ou tout au moins lui enlève son prestige et sa poésie. Il ne doit pas y avoir de mur

---

(1) De 1704 à 1710.
(2) *Archives de l'Hôtel de Ville.* **DD. 4.**

mitoyen entre la maison du Seigneur et celle du bourgeois.

Il est évident, d'ailleurs, que ces maisons accolées ou superposées à l'édifice ne peuvent être considérées comme des appuis. Ces bâtisses, au contraire, surchargent outre mesure les parties inférieures. Une chose frappe, en effet, quand on examine attentivement l'église de Mirecourt, c'est l'absence presque complète de contreforts. On trouve la base d'un certain nombre, mais tous s'arrêtent avant d'atteindre la hauteur où ils sont réellement utiles. Pour satisfaire aux exigences des constructions nouvelles entées sur l'édifice, on a supprimé ces parties essentielles dont les saillies nuisaient à l'aménagement des locaux adjacents.

Aussi, dans l'église Notre-Dame de Mirecourt, la cohésion des matériaux résiste seule à certaines poussées. Que cette cohésion vienne à s'affaiblir par des gouttières ou un accident quelconque, les conditions de stabilité cessent et la situation devient périlleuse.

Le collatéral sud subit en 1718 un outrage d'un autre genre. Le mayeur et les conseillers de ville répondant au vœu d'une partie de la population, construisirent, au n° 8 de la rue Basse, un escalier de quarante-deux marches en pierre (1) qui débouche sur le transept et le collatéral du même côté La nouvelle entrée devint bientôt une sorte de passage public défavorable au calme du sanctuaire et à la sérénité des offices. Les demoiselles Congréganistes, parfois troublées dans leurs réunions, demandèrent, en 1839, de transférer leur autel au croi-

---

(1) Au-dessus de la porte à faîte carré où l'escalier prend naissance, on lit gravé dans la pierre le millésime 1718, avec cette devise : *Laus Deo sit semper*. En 1837 seulement, on ouvrit dans la partie supérieure de l'escalier une porte de communication avec les sacristies ; auparavant on y accédait par le chœur.

sillon septentrional. La requête fut rejetée, mais les membres de la fabrique prirent, à cette occasion, une délibération qui ordonnait « la fermeture, tous les jours fériés, pendant les offices aussitôt commencés, de la porte de l'église donnant sur la rue Basse et menant à l'escalier ; car, ajoutent-ils, on ne prescrit pas sur les édifices publics. »

Transept. XVIIe Siècle.

La construction d'un transept nécessite des dépenses considérables, et si l'on prétend élever une église avec de faibles ressources, il faut éviter ces appendices. On comprend dès lors la date relativement récente du transept de l'église Notre-Dame, de Mirecourt. Il vient après des travaux plus urgents, et lorsque les finances de la ville lui permettent de l'entreprendre et de le terminer.

Le style est celui du chœur, avec fenêtres à formes légèrement flamboyantes.

La clef de voûte du croisillon méridional, ou côté droit, porte le millésime 1602, et nous trouvons dans les archives de l'Hôtel-de-Ville un « État de ce qui restait dû, le 22 septembre 1609, au sieur Bainier, avocat à Mirecourt, pour les deniers qu'il avait avancés pour construire la chapelle Notre-Dame » dans ce bras du transept (1).

Le terrain de la croisée gauche fut acheté en 1605, pour la somme de 1.300 francs (2). Le millésime 1608 est gravé à la clef de voûte d'une arcade cintrée du croisillon. La ville y allait de ses deniers et de ses largesses, car dans un compte de recettes et dépenses de la même année 1608, nous lisons : « 1.400 francs pour la chapelle

---

(1) *Archives de l'Hôtel de Ville*, BB. 4.
(2)   ibid.   CC. 14 et 16.

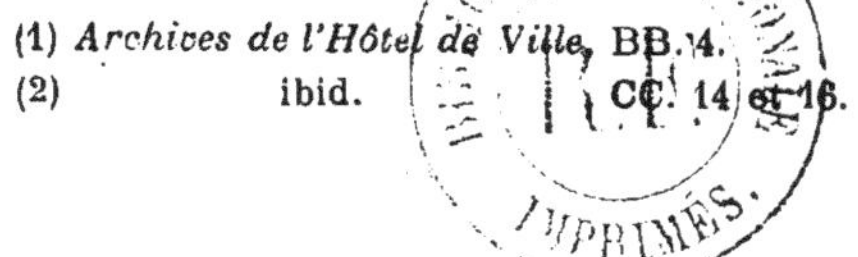

2

neuve érigée en l'église — partie transversale nord — sous l'invocation de saint Nicolas. »

Le transept fut bénit et ses autels furent consacrés le 15 juin 1612, par Mgr des Porcelets de Maillane, évêque de Toul.

Travaux du XVIIIe Siècle

L'église fut, à l'origine, bâtie au niveau du sol et la tour n'était pas enterrée comme aujourd'hui ; mais peu à peu, à la suite de recharges successives, pour raison de salubrité ou d'écoulement des eaux, la chaussée s'éleva, de sorte que les soubassements de l'édifice sont enfouis de tout ce qu'il faut descendre pour arriver au pavé de l'église. C'est ce qui enlève à cette énorme masse de pierre son peu de sveltesse originale.

L'exhaussement du sol (1) rendait impraticable l'accès de l'église. Afin de remédier à cet inconvénient, on modifia les portes d'entrée, et à l'intérieur, on pratiqua un escalier dont les marches rachètent la différence du niveau entre le sol de l'église et celui de la Grande Rue ou rue Haute (2).

Les archives de l'Hôtel de Ville spécifient ces travaux, qui consistèrent en la « construction au milieu du portail d'une grande porte d'entrée de neuf pieds six pouces de hauteur sur six pieds deux pouces de largeur ; de sept marches d'escalier à la dite porte ; de deux autres portes pour entrer dans les collatéraux, sur le même profil et modèle de la grande porte, de huit pieds de hauteur sur quatre pieds et demi de largeur. » (3)

---

(1) Des fouilles entreprises à la fin du XVIIIe siècle mirent à jour, devant l'église, à cinq pieds de profondeur, l'ancien pavé encore en bon état.

(2) Actuellement Rue de l'Hôtel de Ville.

(3) *Archives communales*. BB. 22 et CC. 48.

Jusqu'alors la porte du clocher s'ouvrait à l'intérieur
de l'église. On accédait à la tour par un escalier en coli-
maçon pratiqué dans la maçonnerie La porte fut murée,
mais l'escalier supprimé existe encore dans le massif de
pierre. On le reporta au dehors contre le collatéral sud,
en donnant à ses volées la forme triangulaire du fronton
brisé qui surmonte la porte Du côté gauche, on accédait
à l'orgue et à la salle du Conseil de Ville par un vulgaire
escalier à rampe droite, toujours le même, et qui enlaidit
la façade de l'église.

Au XVIII° siècle enfin, en 1759, on allongea les fenêtres du côté droit de la nef, dont deux se terminaient en
plein cintre et deux en arc d'ogive, comme celles de
gauche. Les trois fenêtres absidales subirent le même
remaniement, et on supprima brutalement leurs meneaux, qui furent reconstruits en 1874 sur les plans de
l'architecte Clarinval (1).

(1) L'exécution du travail fut confiée au sieur Lorange, entrepre-
neur à Mirecourt, et les vitraux des trois fenêtres absidales sont
l'œuvre du peintre verrier Dupont, de Neufchâteau. — Le grattage
des tailles, en 1881, sous la direction de M. Urmès, architecte à
Nancy, rajeunit l'église de Mirecourt. C'est la seule restauration
intelligente dont on la favorisa.

CHAPELLES DE L'ÉGLISE DE MIRECOURT

Au commencement du XVe siècle les chapelles érigées à titre de bénéfice étaient rares, mais elles devinrent en honneur et se multiplièrent avec rapidité dans les siècles suivants. Elles avaient leur siège dans les églises paroissiales, servaient de sépulture aux fondateurs et à leur famille, et à jours déterminés on y célébrait la messe à l'intention du légataire. A Mirecourt en particulier des notables, de riches négociants, des seigneurs voisins comme les Bassompierre, le Chapitre de Poussay, fondèrent et dotèrent un grand nombre de chapelles, que pouvaient à peine contenir les dimensions restreintes de l'édifice. Elles assuraient l'exercice du culte dans la paroisse et créèrent une partie du domaine confisqué par la Révolution. Ce n'étaient point des absides secondaires, mais simplement des niches couronnées de pavillons, des absidioles plus ou moins profondes, circulaires ou carrées, un autel accolé à une arcade ogivale ou cintrée, parfois une table appuyée à l'un des piliers ou même à la muraille. Certains enfoncements, des arcades et des piscines dans les basses-nefs de l'église de Mirecourt, sont autant de vestiges de ces anciennes chapelles. Il importe d'en raviver et d'en perpétuer le souvenir, qui se confond d'ailleurs avec l'église elle-même.

I. — Chapelle Notre-Dame

La Vierge en sa Nativité est patronne de la paroisse. Sa chapelle érigée au transept, côté sud de l'église, fut bénite le 15 juin 1612, par Mgr des Porcelets de Maillane,

évêque de Toul, et l'autel fut consacré le même jour. (1)
La statue de Notre-Dame (2) reposait sur un piédestal
aux armes (3) du donateur, l'avocat Pierre Canon ; six
petits lions supportaient son écu ; des anges éployés
ceignaient la tête de la Vierge et devant l'autel était sus-
pendue et brûlait une lampe d'argent. (4).

On célébrait dans cette chapelle la messe journale ou
matutinale dite auparavant au maître-autel. Didier Tal-
lart, (5) curé de Mirecourt, avait obtenu du duc Antoine,
le 14 juin 1513, l'autorisation de la fonder dans son
église. Il consomma cette fondation par son testament
du 21 mai 1514, et voulut que cette messe fût dite par les
« prestres et gens d'église natifs et qui seront estez
baptisez aux fonts de la dite église et paroche. » (6)

On célébrait encore à ce même autel une messe solennelle de sainte Anne, le jour de sa fête. C'est ce qu'établit
un acte du 21 avril 1633, par lequel « honorable Anne
Ferry, veuve de Georges La Salle, ancien mayeur de

---

(1) F. CLASQUIN, *Mirecourt, Temps passés — Temps présents*, pages
158 et 284, date de 1626 la construction de la chapelle Notre-Dame, et
de 1612, la bénédiction de la même chapelle, par l'évêque de Toul.
C'est au moins fantaisiste. Nous avons vu, à propos du transept, croisillon droit, avec lequel cette chapelle se confond, qu'elle date de
1602.

(2) Cette statue fut sculptée à Nancy en 1631.

(3) Les Canon, de Mirecourt portaient « d'azur au chevron d'argent, au chef de gueules, chargé d'un canon d'or affûté de même, et
pour cimier un dextrochère au naturel tenant un chapeau de laurier
de sinople. » Dom Pelletier, dans les *errata* du *Nobiliaire de Lorraine*,
ajoute que cette famille fit quelques changements à ses armes et a
substitué une aigle éployée d'or au canon du chef.

(4) L'autel actuel, en stuc, date de 1840.

(5) Il est qualifié de « Amé et féal aulmosnier du duc Anthoine,
auditeur de la Cour des Comptes, prestre, chantre et chanoine de
Toul. » *Archives de l'Hôtel de Ville*, BB. 4.

(6) Cette messe se célébrait moyennant une rétribution de 171 livres
par année au curé de la paroisse. *Arch. de l'Hôtel de Ville*, BB. 30.

Mirecourt, fonde une messe haute et solennelle avec
diacre, sous-diacre et choraux, à célébrer annuellement
et à perpétuité en l'église parochiale de Mirecourt, au
jour de feste sainte Anne et en l'honneur d'icelle, qu'es-
choit, par chacun an, au vingt-sixiesme du mois de
juillet, sur l'autel de Notre-Dame, proche duquel la dite
fondatrice avait fait ci-devant mettre et déposer l'image
et représentation de la dite sainte Anne. » (1).

II. — Chapelle Saint-Nicolas

La primitive chapelle Saint-Nicolas petite et sombre,
était démolie en 1608 et transférée au transept, côté nord
de l'église. L'évêque de Toul la bénit et consacra son
autel le 15 juin 1612. L'antique statue datait de 1631 et
fut transportée à la Oultre vers 1838 ou 1840. C'était
dans cette chapelle « où l'image de Monsieur saint
Nicolas est posée » que se célébrait, chaque mercredi,
la messe de saint Sébastien.

Elle avait pour collateurs MM. de Bassompierre, pour
revenu le quart de la dîme de Mattaincourt et d'Hymont
et une maison à Mirecourt ; pour charges, trois messes
par semaine. Elle possédait un calice, des ornements, et
la maison dont elle jouissait était sise, dit un document
du XVII⁰ siècle, « en la rue Haute, proche la Croix, entre
la maison de Son Altesse d'une part, et celle du sieur
Cachet, docteur, d'autre part. »

D'après un texte communiqué par M. le Comte de
Pange, elle était jadis érigée dans l'église de Baudricourt,

----

(1) M. Ch. GUYOT, *La Communauté des enfants-prêtres... de Mirecourt*, p. 13, consacre une note à l'image due à la piété d'Anne Ferry.
« Elle est celle, croyons-nous, dit-il, qui existe encore à la place
indiquée. Elle a été heureusement épargnée dans les restaurations
modernes de l'église de Mirecourt. »

où se trouvait la chapelle castrale des Bassompierre.
Après la ruine du château de Baudricourt, pendant les
guerres, la chapelle Saint-Nicolas fut, avec deux autres,
annexée à l'église paroissiale de Mirecourt.

L'autel actuel, en stuc comme celui de la Vierge, est
surmonté d'un tabernacle de bois sculpté et doré, avec
statuettes, échappé sans doute au vandalisme de la Terreur, et qui n'est pas sans mérite.

III. Chapelle Saint-Didier et Sainte-Catherine

La chapelle Saint-Didier [1] et Sainte-Catherine [2] fut
établie en septembre 1385 [3]. L'acte est rédigé en latin
et il n'en reste, aux archives municipales, qu'une copie
du 24 mai 1762 [4]. Les exécuteurs testamentaires [5]
d'un nommé Albert, dit Vassal ou Vaisseau, pour remplir
ses dernières intentions, dotent l'autel déjà construit
aux frais du défunt en l'honneur de saint Didier et de
sainte Catherine. Elle possédait un calice, des ornements, cinq paires, trois fauchées de prés, cent vingt
francs de revenus sur une maison située devant l'église
paroissiale. Ses charges consistaient en trois messes
hebdomadaires.

Le chapelain devait être nommé par la famille et,
autant que possible, choisi parmi les descendants du
fondateur, et si la présentation n'était pas faite dans les

---

(1) Saint Didier est patron secondaire de la paroisse.

(2) Signalons ici l'erreur de M. F. CLASQUIN, *Mirecourt, Temps passés — Temps présents*, pp. 155 et 160, qui, de cette unique chapelle, en
fait deux bien distinctes.

(3) La date de la fondation varie légèrement : aux *Archives de
l'Hôtel de Ville de Mirecourt*, nous trouvons 23 et 27 septembre et aux
Archives départementales, série E. non classée, 22 septembre 1385.

(4) *Archives de l'Hôtel de Ville*, GG. 18.

(5) C'étaient les Rousselot, de Mirecourt, patrons ou collateurs de
la Chapelle.

quarante jours de la vacance, le droit de désignation appartenait au curé de Mirecourt. Cette nomination devint un jour irrégulière et suscita un procès plaidé à la Cour de Nancy. Nous extrayons d'un factum rédigé en 1726, par l'avocat Thibaut, le jeune, le sommaire de l'instance (1).

« La chapelle Saint-Didier et Sainte-Catherine devenue vacante au mois de mars 1723, François Chévrier, qui en est le patron actuel, à cause d'Anne Rousselot sa femme, y présenta, trois jours après la vacance, M. Bazelaire, étranger à la famille des Rousselot, et par une affection particulière pour son sang, puisqu'il est son cousin.

« M. Pidolot qui ignorait cette nomination, se présenta à lui pour la lui demander, comme le plus ancien prêtre de la famille ; en sorte qu'il était incontestablement de droit le titulaire de la chapelle, suivant les termes de sa fondation et l'usage qui s'était pratiqué jusqu'alors.

« François Chévrier se voyant pressé, lui dit qu'ayant quarante jours, par le titre de fondation, pour le nommer à la chapelle, il le priait de lui donner ce délai pour se consulter. M. Pidolot y consentit et en attendit l'écoulement.

« Ce terme fini, il lui fit de nouvelles instances pendant près de deux mois, mais rien ne sut fléchir Chévrier et le mettre à la raison ; en sorte que M. Pidolot fut enfin obligé de prendre à l'instant un acte de son refus par devant notaire avec protestation qu'il se pourvoirait à un autre parent du fondateur. Ce qu'il fit quelques jours après, en obtenant du sieur Nicolas Guillemin des provisions de la chapelle dont il s'agit. »

---

(1) Ce factum a été imprimé en 1726, chez Jean-Baptiste Cusson imprimeur libraire ordinaire de S. A. R. 9 pages in-folio.

Tel était l'état de la procédure. M. Pidolot se flattait de son droit incontestable, et espérait que la Cour le maintiendrait dans la possession de la chapelle. « Si sa conscience, ajoutait-il, ne l'eût pas obligé de soutenir cette prétention par rapport à sa famille, il se serait abstenu de contester à M. Bazelaire sa présentation, tout invalide qu'elle soit ; mais il n'a pas cru devoir abandonner un droit aussi légitime, surtout par rapport aux conséquences qui en naîtraient. Il est facile de les prévoir par l'entreprise de Chévrier qui a troublé l'harmonie qui s'était inviolablement observée pendant près de cinq siècles, et on ne pense pas que la Cour autorise de tels procédés.

La cause fut plaidée pendant plusieurs grandes audiences et M. Pidolot la gagna.

Nous avons trouvé aux archives départementales (1) un inventaire « fait le 3 avril 1729, par M. Alba, lieutenant particulier du bailliage de Vôges. » Le paragraphe troisième énumère les titres de la chapelle recueillis à la mort du titulaire, M. Maurice. Versés d'abord, le 24 avril 1723, entre les mains de M. Bazelaire, vicaire à Juvaincourt, ils furent ensuite, par jugement de la Cour, remis le 3 juin 1726, à M. Pidolot. Ils renferment une copie de la fondation de la chapelle, deux arbres de ligne, plusieurs présentations faites par la famille Rousselot, des pièces de procédure et l'énumération des terres possédées aux finages de Mazirot, Poussay, Vomécourt, Gircourt-les-Viéville et Villers.

____

(1) *Archives départementales.* Série E. non classée.

IV. Chapelle Saint-Côme et Saint-Damien

Elle avait pour patron le Chapitre noble de Poussay. Elle avoisinait les fonts de baptême, possédait un petit calice et l'on y célébrait une messe par semaine.

Elle jouissait d'un revenu annuel de cinquante francs, provenant « de deux petits bois taillis sis entre les bois de Mandres (¹), allant à Thiraucourt et Etrennes, joignant les bois de Mirecourt. »

V. Chapelle Saint-Genêt

D'après un document communiqué par M. le Comte de Pange, elle s'appelait aussi chapelle *Sainte-Vierge* et les archives municipales lui donnent le même nom Elle remplaça probablement la Chapelle Notre-Dame, quand cette dernière fut transférée au croisillon droit du transept.

MM. de Bassompierre en étaient patrons ou collateurs. Ses charges consistaient en une messe hebdomadaire. Elle possédait un calice d'argent, des ornements sacerdotaux, une rente à Puzieux, cinq paires, chapons, poules et œufs.

Elle fut transférée de Baudricourt en l'église de Mirecourt, après la ruine du Château des Bassompierre.

VI. Chapelle Saint-Michel et Saint-Laurent

Elle avait pour patron ou collateur, dit Benoit Picart (²), les Rousselot de Rapey. Je lis ailleurs : les Rousselot de

____

(1) RAVENEL.
(2) POUILLIÉ du Diocèse de Toul. T. II, p. 232.

Repel, et les archives de l'Hôtel de Ville les donnent comme habitant Mirecourt (1), ce qui me semble plus probable. Ses charges consistaient en une messe chaque semaine. Elle possédait un calice, des ornements et le revenu d'une maison située à Mirecourt.

VII. Chapelle Saint-Claude

Cette chapelle « joignant le maître-autel » (2) était à la nomination des Bassompierre. Elle avait une maison sise à Mirecourt « proche la tour des Larrons, avec un petit meix au devant, en rapport de quelque quarante francs par an » (3). Elle possédait en outre un revenu de six francs sur une maison proche l'église paroissiale, un calice d'argent et des draps ou nappes d'autel (4).

Ses charges consistaient en une messe hebdomadaire.

Des actes originaux datés du 28 août 1588 et de l'année 1596, prouvent que la Chapelle Saint-Claude était déjà transférée de Baudricourt à Mirecourt.

VIII. Chapelle Saint-Jean-Baptiste

Sa collation appartenait à Claude Daley, laboureur à Lamerey, près de Dompaire, et à ses descendants. Elle possédait un calice, des ornements ; on y célébrait une

---

(1) *Archives de l'Hôtel de Ville.* GG. 8.
(2)   ibid.   GG. 8.
(3)   ibid.   GG. 8.
(4) En 1727, sa dotation se modifia légèrement. « Les sieurs Conseillers de ville ayant formé le plan de construire deux rues neuves pour l'embellissement de la ville, l'abandon d'un terrain contigu à la maison de Son Altesse royale a été nécessaire, et son Altesse n'a fait aucune difficulté de le céder. Cependant comme ce terrain est adjacent à une petite masure et à un jardin dépendant des biens de la chapelle Saint Claude. qui est en la collation des Bassompierre, il est convenu que la ville achettera, en remplacement de ce terrain, une fauchée de pré pour la dite chapelle Saint-Claude. »

messe par semaine et ses revenus consistaient dans le sixième des grosses dîmes de Mattaincourt et d'Hymont.

Elle fut démolie, avec l'autorisation de l'évêque de Toul, pour agrandir la Chapelle Notre-Dame, et la messe hebdomadaire fut dès lors célébrée à l'autel Saint-Didier et Sainte-Catherine.

IX. Chapelle Saint-Jacques

Cette Chapelle est mentionnée dans les archives communales (1).

On y célébrait une messe par semaine.

Son bénéfice consistait en quelques revenus indéterminés, avec une petite maison à la ruelle Hussenot (2).

X. Chapelle Saint-Dominique

Elle avait pour charges deux messes basses par semaine, possédait un calice d'argent, des ornements sacerdotaux, une maison, des prés et des vignes.

La maison était située devant l'église paroissiale. Les prés et les vignes furent vendus, avec l'autorisation de l'évêque de Toul, à MM. Bermont, de Saint-Nicolas. Le chapelain prit l'argent et ne fit aucun remploi.

Les Cordeliers la desservirent quelque temps au nom du titulaire étranger à la paroisse.

XI. Chapelle Saint-Joseph

Ni Benoit Picart, dans la Pouillié du diocèse de Toul, ni les archives de l'Hôtel de Ville ne mentionnent cette Chapelle, probablement parce qu'elle était curiale ou presbytérale. Ce sont les archives départementales (3) qui

---

(1) *Archives de l'Hôtel de Ville,* CC. 5 et GG. 8.
(2) Rue de la Prison.
(3) *Archives Départementales,* série E., non classée.

nous en révèlent l'existence. Un inventaire (1) dressé
après la mort de Messire Etienne Foissey, curé de Mirecourt, enregistre les titres d'une « fondation faite par
Anne Poirot, fille majeure, pour lors résidant au Château
de Savigny, de deux messes basses à dire chaque
semaine à la Chapelle Saint-Joseph, par les curés de
Mirecourt. Pour rétribution, il y a un capital de 3.333
francs, 4 gros, suivant son testament reçu par M. Poirot,
tabellion à Mirecourt, le 16 avril 1666 ».

Messire Payen, curé de Mirecourt, sollicita et obtint
de l'évêque de Toul « l'autorisation de remplacer la somme ci-dessus, faisant le fond de la donation. » Elle fut
prêtée, le 10 juin 1710, à Balthasard, comte de Ravenel,
chevalier de Mandres, pour 194 francs de rente annuelle
au profit des curés de Mirecourt.

XII. — Chapelle Notre-Dame de Pitié
et Saint-Antoine de Padoue

Cette chapelle a conservé au collatéral droit son primitif emplacement, et l'on y vénère encore l'ancienne
statue de Notre-Dame de Pitié.

Au milieu du siècle dernier, elle exigeait une restauration à laquelle on avait songé, avant la guerre franco-
allemande, et que l'architecte Clarinval exécuta en 1872.
Les dépenses furent couvertes par des dons volontaires
s'élevant à 700 francs et par une somme de 300 francs
votée par la fabrique paroissiale. C'est alors qu'on ferma,

(1) Voici le titre du document révélateur. « Inventaire fait par
nous Joseph Maurice, seigneur du fief de Bouzemont, conseiller au
bailliage de Vôges à la participation du procureur du Roy, de tous
les titres, papiers et documents de la cure, œuvres, fabrique et con-
fréries de la paroisse de Mirecourt, auquel nous avons procédé en
suite du décès de Messire Etienne Foissey, docteur en Sorbonne, curé
du dit lieu, arrivé le 7 août 1742... etc. »

au côté droit de la chapelle, une fenêtre déjà réduite de moitié et dont on n'apercevait plus que la partie cintrée. Ce jour mitoyen donnait peu de clarté et créait une servitude importune.

Elle fut érigée et construite par Husson Thouvenel ou Chauvenel, de Remoncourt, receveur des domaines à Mirecourt. Dans son testament du 27 août 1517, le fondateur demande « à estre enterré dans sa chapelle située à droicte de l'église parochiale et érigée sous le nom et titre de Nostre-Dame de Pitié et du glorieux et vray amy de Dieu, Monsieur sainct Anthoine de Pade. » (1)

Ses revenus consistaient en cinq paires, quatre fauchées de prés à Remoncourt, une maison joignant l'église paroissiale et un petit jardin, derrière la ville, en allant au Joly. Elle était grevée d'une messe basse par semaine.

Le patronage du bénéfice appartenait à Husson Thouvenel et à ses héritiers qui, vers le milieu du XVIIe siècle, se personnifiaient dans la famille Flament ou Flamand, de Mirecourt.

Vers cette époque, un siècle environ après la fondation, les mayeur et conseillers de ville entreprirent d'affecter la dotation de cette chapelle au curé et aux enfants-prêtres de la paroisse Il fallait l'autorisation épiscopale, puis le consentement du chapelain ainsi que des collateurs. On s'adressa d'abord au Cardinal de Lorraine, évêque et comte de Toul. La supplique, sans date, est trop caractéristique pour que nous n'en reproduisions pas des extraits.

« Exposent humblement (les mayeur et conseillers de ville) qu'il y a une seule église paroissiale en la dite ville, laquelle, bien que chargée de grand nombre de

____

(1) *Archives de l'Hôtel de Ville*, GG. 18.

paroissiens, n'a néanmoins revenu fixe que du tiers ès
dixmages gros et menus du finage du dit Mirecourt,
qui ne peut monter annuellement qu'à 15 ou 16 paires
pour le gros, et à quasi rien pour les menus ; qu'à raison
de la grande charge de la dite église à laquelle un sieur
curé ne peut suffire, la dite ville aurait dès un très long
temps affectionné d'obliger des enfants originaires du
lieu, promu à l'ordre sacré de prêtrise, à y faire résiden-
ces personnelles, afin de secourir et soulager le dit sieur
curé en ses fonctions spirituelles ; et à ce dessein suc-
cessivement, par obits et autres dispositions pieuses
(aurait) constitué quelque fond, lequel néanmoins n'étant
que de quelque trente paires de grain ou environ de
revenu annuel, j'açois qu'ils soient pour le présent au
nombre de six, et que par évènement ils se puissent
rencontrer en plus grand nombre, ils prévoyent que le
peu de moyens qui en revient aux dits prebstres pour
en vivre commodément, les pourra occasionner de cher-
cher party ailleurs et déserter la dite église, s'il n'y est
obvié par augmentation du dit fonds ; à quoi les dits
exposants incitant leur pensée, comme aussi les moyens
d'agrandir de quelque chose le revenu fixe et certain
d'icelle église, et considérant qu'un moyen se présentait
si certaine chapelle de patronage laïc, fondée sous l'invocation de Notre-Dame de Pitié et de Saint-Antoine de
Padoue, par feu Husson Chauvenel de Remoncourt...
pouvant valoir chacun an 300 francs... s'unissait à la
cure... supplient... etc., etc. » (1)

Cette requête fut favorablement accueillie, et l'autorisation de l'évêché de Toul date du 20 mars 1630. Dès le
7 du même mois, François Flamand, père et fils, après
quelque opposition, se désistaient du droit de patronage,

____

(1) *Archives de l'Hôtel de Ville*, GG. 18.

et le chapelain, Messire Jean Simonin, sans doute in-
demnisé par la ville, donnait lui aussi son adhésion.

Un compte de recettes et dépenses municipales pour
l'année 1630-1631, mentionne les frais occasionnés par
cette négociation ; elle coûta à la ville 201 francs, 1 gros
et 5 deniers. Un inventaire conservé aux archives départementales et rédigé par Pierre Alba, contient l'énumération des documents que nous venons d'utiliser (1).

Ces institutions locales, ces dotations furent anéanties
par la Révolution : les autels furent renversés et les
ruines elles-mêmes ont disparu.

____

(1) *Archives départementales*, série E. non classée.

MOBILIER DE L'ÉGLISE NOTRE-DAME
DE MIRECOURT

Le mobilier est à coup sûr une partie intégrante et souvent la plus remarquée du temple catholique. S'il est convenable, en harmonie avec l'édifice, il le relève, l'embellit, et comme une parure de bon goût, lui communique une élégance adéquate et caractéristique.

Rien de cela malheureusement dans l'église de Mirecourt. Quelques pièces ne sont pas sans valeur intrinsèque, mais leur style jure avec celui de l'église dont on ne s'est nullement préoccupé. C'est disparate et choquant. Le rétable du maître autel est de facture italienne dans un chœur gothique ; les boiseries, les stalles du chœur et la chaire appartiennent à la renaissance ; les bancs sont grossiers et incommodes ; le buffet d'orgues se projette dans le fond de la nef en masse énorme et y entretient une désolante obscurité. On s'est comme acharné à ravir à l'édifice son caractère original. Malgré tout, ce mobilier excite l'intérêt, nous initie à la sollicitude toujours en éveil des générations disparues et à l'histoire de la cité. A ces titres, nous l'étudierons avec une respectueuse attention.

Le Maître-Autel

Jean des Porcelets de Maillane, évêque de Toul, amené à Mirecourt en 1612 par la visite générale de son diocèse, y resta quatre jours dont l'un, le 15 juin, fut employé à la consécration du maître-autel de l'église paroissiale. Cet autel était-il neuf ? Les archives sont muettes à ce sujet, mais il est certain qu'il ne dura plus longtemps, car dès 1620, la ville érige un nouvel autel principal (1) et pour lui servir de fond décoratif, elle commande à Claude de Ruet, peintre à Nancy, un tableau représentant l'Assomption de la Sainte Vierge (2). Il semble que l'autel ne fut point façonné à Mirecourt, car dans les dépenses de l'année 1622, nous voyons « 35 francs pour les frais de celui qui avait amené le tabernacle de l'église. (3) Au-dessus du tabernacle, s'élevait, soutenu par deux anges, un écusson aux armes du marquis de Removille (4) ; et quand l'ouvrage fut achevé, Pierre Canon, juge au bailliage et le curé de la paroisse se rendirent à Epinal pour prier l'évêque de Toul qui s'y trouvait en visite épiscopale de venir le consacrer. On voit encore le millésime 1621 inscrit au côté gauche du monument ; c'est évidemment la date d'érection.

Un siècle s'était écoulé lorsque le maître-autel fut surmonté d'un rétable, style de l'époque, qui en modifia complètement l'aspect. Dès le milieu du XVIIe siècle et au XVIIIe, on garnissait volontiers les autels de véritables monuments avec frontons, colonnes, ailerons, consoles du genre dit rococo d'une discordance choquante avec les chœurs de pierre de l'architecture gothique.

D'où provient ce rétable ? Les archives municipales ne le mentionnent pas ; on se trouve, semble-t-il, en face

---

(1) *Archives de l'Hôtel de Ville*, BB. 3.

(2) *Archives de l'Hôtel de Ville*, BB. 3. En 1623, la ville achevait de payer cette belle toile. CC. 20.

(3) *Archives de l'Hôtel de Ville*, CC. 19. Il ne faut pas confondre ce tabernacle avec un autre commandé au sieur Chassel, sculpteur de S. A. R. à Nancy et payé 1.800 francs, l'année 1714. CC. 49.

(4) *Archives de l'Hôtel de Ville*, CC. 19. Le marquis de Removille était bailli et gouverneur de la province de Vôges, président de l'Hôtel de Ville de Mirecourt ; l'autel provenait sans doute de ses largesses.

d'une initiative privée et l'on ne peut que former de vagues conjectures.

On rapporte qu'à la prise de Mirecourt par Fourille, en 1670, le maréchal de Créqui vint aussitôt rejoindre son capitaine, fît démolir le château et raser les murailles de la ville. Il imposa aux habitants une taxe exorbitante et mit dans sa facile conquête une telle cruauté qu'il en eut des remords le reste de sa vie. On ajoute qu'avant d'expirer il résolut, pour l'acquit de sa conscience et sous forme d'expiation, d'ériger à ses frais, dans l'église paroissiale de Mirecourt, le rétable qu'on y voit encore aujourd'hui.

Quarante ans se seraient donc écoulés entre la mort du Maréchal — 4 février 1684 — et l'exécution d'une de ses dernières volontés. C'est bien longtemps.

Il est une autre version, incertaine elle aussi, mais qui a trouvé plus d'écho dans les historiens de la province.

Pendant la guerre de 1635-1636 entre la France et la Lorraine, les Mirecurtiens furent obligés de souscrire un emprunt de 13.000 livres, exigé par Louis XIII. Cette somme fut portée à Neufchâteau par Etienne Lauzanne, conseiller de ville, et versée entre les mains d'un sieur Gaubelin, agent du gouvernement français. Ces faits résultent d'un jugement rendu en 1639, par le Bailliage de Vôges.

Après le traité de Ryswick (1697), la somme empruntée aurait été remboursée à la ville ; mais les prêteurs n'existant plus et les héritiers ne pouvant justifier de leurs droits, les 13.000 livres servirent à ériger le monument qui surmonte le maître-autel. Le travail fut terminé entre les années 1720 et 1730, car le millésime 1724 ou 1726 ou 1728, dont le dernier chiffre est effacé, se trouve sur la statue de la Résurrection.

C'est alors que le tableau de Claude de Ruet subit de

regrettables mutilations. On l'enléva de derrière l'autel
où il n'était plus aperçu et on le coupa sur tous ses pans,
afin de l'adapter aux dimensions plus restreintes du cadre à jour du rétable (1). Tel qu'il est, privé de ses dimensions originales, il occupe en haut de la nef, du côté de
l'évangile, une place de choix, et depuis quelques années,
il est classé comme œuvre d'art.

Après la Révolution, on répara les mutilations de l'autel et des statues placées dans le cadre du rétable et au-
dessus des portes latérales de la sacristie. Malgré ces
restaurations, l'autel menaçait ruine, et dut être remplacé. Le sieur Mahel, marbrier à Nancy, appelé à Mirecourt en 1826, « assure, dit une délibération du Conseil
de fabrique, qu'il a dans ses ateliers un autel de marbre
propre à remplir la place de celui qui tombe de vétusté,
qu'il est plus large et d'une hauteur suffisante, qu'il le
vendrait à un prix raisonnable, qu'il se charge de le
poser, mais non des frais de conduite… Le Conseil considérant ces propositions avantageuses, accepte l'offre
du marbrier et conclut l'achat pour la somme de 1.750
francs (2). » Enfin, en 1857, on substitue le marbre à la
pierre blanche des marches de l'autel.

Stalles et Banc d'œuvre

Le chœur était jadis entièrement fermé par de la menuiserie à claire-voie dans la partie supérieure, et de
simples banquettes avec pupitres l'isolaient de la nef.
On en sortait par l'allée principale, ainsi qu'à droite et
à gauche du maître-autel pour se rendre aux chapelles

---

(1) Dans le rétable, on plaçait ordinairement un tableau ou sujet
sculpté ; parfois même, comme à Mirecourt, on variait les sujets d'a-
près les solennités de l'Eglise.

(2) *Délibération du Conseil de Fabrique*, 2 avril 1826.

latérales. Les bancs avec appuis et les grilles de bois qui
entourent chaque côté du chœur datent de 1708, et l'on
ne craignit pas d'impitoyablement couper jusqu'à hauteur d'environ quatre mètres, les colonnes mi-cylindri-
ques en relief sur les piliers, afin de les garnir d'ornements disparates et de sculptures de goût douteux.

En 1835, on enlève toute la menuiserie de la partie
antérieure, on la remplace par une balustrade en fer ou
table de communion, on supprime les passages donnant
accès aux chapelles de la Vierge et de saint Nicolas, on
y pose des stalles pour le clergé (1), et l'on couronne les
travaux par un pavé de carreaux blancs et noirs (2).

Fonts baptismaux

Les cuves baptismales du moyen âge sont très variées
de matière et de forme, et le constructeur jouissait d'une
grande liberté. Le couvercle d'un certain nombre se sou-
levait au moyen de grues ou de potences en fer. Les
fonts baptismaux de Mirecourt sont une réminiscence
de cet antique système. La potence de ce petit monument
est un curieux spécimen de la serrurerie de l'époque.
Cette armature se compose d'une grande console tour-
nant autour d'un axe ou tourillon vertical. A l'extrémité
de la console se trouve fixé un bras coudé qui se meut
autour d'un œillet fortement boulonné au bras supérieur
de la console. Le bras se termine par une tige mobile,
semblable à une crémaillière de cheminée. En faisant
monter ou descendre cette tige, l'extrémité du bras
coudé fait de même monter ou descendre le couvercle de

(1) La réception de ces stalles commandées au menuisier Pierron,
de Charmes-sur-Moselle, ne se fit pas sans difficulté. *Délibération du
Conseil de Fabrique* 1835.

(2) Il vient d'être remplacé.

la cuve baptismale. Le couvercle soulevé, l'ensemble de la console tourne autour du tourillon et déplace le couvercle autant qu'il est nécessaire.

La cuve est de marbre noir ainsi que les trois balustres qui la supportent. Le style sans caractère ne révèle exactement aucune époque. Elle est placée sous une arcade cintrée dont la clef de voûte, à double feuillage, porte le millésime 1608. C'est l'époque de la construction du croisillon ou partie transversale nord de l'église. Mais serait-ce bien la date des fonts baptismaux ? N'auraient-ils pas existé auparavant ? Il est permis de le supposer et nous n'oserions contredire ceux qui rattachent à ces fonts un pieux et attendrissant souvenir : le baptême de Pierre Fourier, de celui que nos populations ont appelé de son vivant et appellent encore aujourd'hui le Bon Père de Mattaincourt.

La Chaire

Dans les églises primitives, il n'y avait pas, à proprement parler, de chaires à prêcher, mais deux ambons ou pupitres placés des deux côtés du chœur pour lire l'épître et l'évangile aux fidèles. Le plus souvent c'était sur une estrade mobile de bois, fermée de trois côtés par un garde-corps recouvert sur le devant par un tapis, que se tenait le prédicateur lorsqu'il adressait la parole aux fidèles.

Mais au XIIIe siècle, quand les Ordres prêcheurs se furent établis pour combattre l'hérésie et expliquer au peuple les vérités du christianisme, la prédication devint un besoin auquel les dispositions architectoniques des édifices religieux durent obéir ; les chaires devinrent fixes et entrèrent dans la construction des églises. Celle de Mirecourt n'en possède pas de ce genre.

C'est particulièrement au XVIe siècle, à l'époque de la
Réforme, que l'on établit des chaires dans la plupart des
églises françaises ; on les plaça dans les nefs, ce qui ne
s'était pas fait jusqu'alors et l'on suspendit au-dessus de
l'orateur un abat-voix pour empêcher la parole de se
perdre dans l'espace.

En 1731, le Conseil de ville de Mirecourt s'occupa
d'élever une chaire dans l'église paroissiale. Il s'était
d'abord adressé à Robert Boze et à Benoît Pinédé,
maîtres sculpteurs à Châteauroux ; mais l'industrie locale
protesta contre cette intrusion d'artistes étrangers et la
ville, n'osant traiter avec eux, leur versa 116 livres, six
gros, pour frais de voyage (¹).

Le travail confié, pour une somme de 670 francs, à
François Bailly, menuisier de Mirecourt, était achevé et
se posait dans le milieu de l'année 1748. Le plan, très
ordinaire, figure aux archives de l'Hôtel de Ville, et vers
1832, on ajouta les panneaux qui représentent les évangélistes.

Cette chaire, surtout dans l'ancien régime, fut souvent
occupée par des prédicateurs étrangers : Aumôniers de
la Cour ducale, Chanoines de la Primatiale, Religieux de
Nancy ou d'ailleurs y montaient tour à tour pour des
avents, des carêmes, des oraisons funèbres, et la ville,
flattée dans ses goûts d'éloquence et d'harmonie, les
entourait d'honneurs et de délicates attentions.

Les Bancs

Ce n'était pas l'usage, avant la fin du XVIe siècle, de
placer dans les églises des chaises ou des bancs de menuiserie pour les fidèles. Les femmes riches qui se ren-

---

(1) *Archives de l'Hôtel de Ville.* CC. 53 et 56.

daient à l'église se faisaient suivre de valets qui portaient
des pliants et coussins pour s'asseoir et se mettre à
genoux. Le menu peuple, les hommes se tenaient debout
ou s'agenouillaient sur les dalles. Mais quand au XVIe
siècle, des prêches s'établirent en France, les réformistes
placèrent dans leurs temples des bancs séparés par des
cloisons à hauteur d'appui destinés aux fidèles. Le clergé
catholique, craignant sans doute que la rigidité de la
tradition ancienne ne contribuât à éloigner le peuple des
églises, imita les prédicants et introduisit l'usage des
bancs et des chaises.

Au XVIe siècle, l'église de Mirecourt possédait déjà
des bancs, mais irréguliers et disposés d'après le caprice
des familles qui les avaient installés. Les bancs unifor-
mes, les mêmes qu'aujourd'hui — vrais bancs gaulois
dont le modèle heureusement est à jamais perdu —
furent votés le 15 décembre 1732. Le curé et les officiers
de l'Hôtel de Ville désirent, disent-ils, « se conformer à
ce qui se fait à présent dans la plupart des églises des
Etats de S. A. R., de sa permission expresse ; et comme
l'autorité Royale est absolument nécessaire pour contenir les paroissiens et les obliger à se conformer au règlement qu'il convient de faire, il sera présenté requête à
S. A. R. Madame, pour la supplier très humblement de
confirmer le même règlement. »

Pour obtenir dans l'installation des bancs l'uniformité
au moins relative, on nivela l'église et l'on rabaissa vingt
tombes qui s'y trouvaient disséminées (1). La location de
ces bancs n'alla pas sans difficultés ; il y eut plainte des
bourgeois, et le Bailliage chargea le lieutenant général
d'en surveiller les opérations.

---

(1) *Archives de l'Hôtel de Ville.* CC. 53. Ce travail fut confié à Char-
les-Antoine Ardry, tailleur de pierre et coûta 242 francs 8 gros.

Orgues

Jusqu'au XVe siècle, les grandes orgues ne furent pas en usage ; on se servait d'instruments de médiocre dimension renfermés dans des meubles posés sur les jubés ou sur des tribunes destinées non seulement aux orgues, mais encore aux chantres et aux musiciens.

L'église de Mirecourt possédait probablement un de ces instruments primitifs, car dans un compte de l'Hôtel de Ville pour l'année 1573, nous trouvons une somme de dix francs « accordée à Jean Paris pour avoir mené les orgues les jours de fêtes solennelles ». (1) On réparait en 1605 (2) ces orgues reconnues bientôt insuffisantes, puisque le 21 novembre 1610, la ville commande à Pierre Simon de Longuet (3) « un orgue de dix jeux, avec claviers superposés et pouvant se réunir, tuyaux d'étain en montre, soufflets, jeux de mutation et derrière l'organiste, un positif dans lequel il y aura des flûtes » dont l'effet est signalé comme très agréable. Ces orgues étaient, paraît-il, de vicieuse construction. La soufflerie, très défectueuse, dut être reprise en 1635, « où l'on achetait douze peaux pour son raccommodage (4) ».

Le buffet se fermait par deux panneaux de menuiserie, ornés de sculptures et de peintures. C'est ce qui explique la mention suivante dans le compte du mayeur de la ville pour l'année 1705 : « 23 francs 7 gros à Jean-Nicolas Dubois, peintre et organiste de la paroisse pour fourniture d'or, couleurs, toile, etc.. par lui employée à orner l'orgue de l'église et faire les portraits de David et de sainte Cécile sur les volets des orgues (5) ».

(1) *Archives de l'Hôtel de Ville.* CC. 6.
(2)   ibid.   CC. 14.
(3)   ibid.   BB. 4.
(4)   ibid.   CC. 29.
(5)   ibid.   CC. 48.

En 1737, les orgues subirent une épreuve d'un autre genre : elles furent envahies par les rats, et il fallut « pour 3 livres 10 sols d'arsenic, afin de les détruire et de les empêcher d'en ronger les tuyaux (1) ».

L'organiste, à l'origine, recevait un salaire de cent francs et de plus était dispensé des tailles. Plus tard son traitement fut augmenté et s'élevait en 1781, à la somme annuelle de 300 francs.

L'orgue fut saccagé à l'époque de la Terreur; on n'en laissa que la menuiserie et quelques tuyaux en bois. On fit argent du reste, ou plutôt on le donna pour rien. De nouvelles orgues s'imposaient à la restauration du culte. Un sieur Chambry dépose en 1821, à l'église paroissiale, un jeu d'orgues « qui n'a pas encore, dit-il, toute la perfection qu'il se propose de lui donner, et il espère le vendre soit à la ville, soit à la fabrique. Le Conseil de fabrique « constate que l'instrument, de bonne fabrication, relèverait les cérémonies du culte et contribuerait à sa splendeur; que sans doute les paroissiens seraient heureux de l'acquisition d'un tel instrument qui leur manque, mais les ressources budgétaires ne permettent pas de l'acquérir » (2).

C'était probablement une échappatoire, car moins de quatre ans plus tard, le 25 avril 1825, le même Conseil votait des orgues et en confiait l'exécution au sieur Gavot, (3) natif de Mirecourt, facteur très apprécié de Bourbonne-les-Bains.

L'orgue inauguré avec éloges exigeait déjà, en 1829, de sérieuses réparations. Gavot envoie à Mirecourt ses deux fils qui reconnaissent que des tuyaux ont été enlevés, puis replacés avec malveillance, de façon à rendre

(1) *Archives de l'Hôtel de Ville*. CC. 54.
(2) Délibération du Conseil de Fabrique, du 26 novembre 1821.
(3) Le traité avec Gavot est du 7 août 1825.

l'instrument discordant. On fit une enquête et l'on découvrit que des particuliers, voulant se rendre compte de la manière dont ces orgues étaient construites, enlevaient les tuyaux sans savoir comment les remettre en place. On conclut qu'il fallait fermer la chambre, en confier une clef au curé, puis une autre à l'organiste.

Il s'agissait, en 1851, d'ajouter aux orgues une pédale de 18 notes, un sommier pour six jeux, dont trois d'attente. M. Lété, de Mirecourt, se chargea du travail qui laissa d'abord à désirer et ne fut reçu qu'après plusieurs modifications. Le procès-verbal d'expertise rédigé par M. Hess, organiste de la Cathédrale de Nancy, le 27 mai 1852, conclut à la modicité des prix et à la bonne exécution des travaux.

La dernière restauration des orgues par MM. Dalstein et Hœrpfer, facteurs à Boulay (Lorraine), date de 1881. Le devis s'élevait à 5.115 francs. Il s'agissait d'enrichir l'orgue d'un récit expressif, d'ajouter de nouveaux jeux et de donner à l'instrument le timbre et la sonorité des orgues modernes. Il semble que ces artistes ont réussi, car les orgues de Mirecourt sont appréciées.

Cloches

A quelle époque remontent les premières cloches de Mirecourt ? Nous l'ignorons, mais elles existaient déjà en l'an 1600 (¹) La paroisse, avant la Révolution, possédait une sonnerie de quatre cloches dont la plus grosse, du poids de 1 500 kilos, avait été fondue et posée en 1618, et dont la petite datait de 1622. Vers le milieu d'octobre 1793, ces cloches furent descendues pour être converties en canons ou en monnaie de billon.

---

(1) Ch. GUYOT. *Mirecourt pendant la Révolution*, p. 135.

Peu de temps après, une pétition colportée de maison en maison et favorablement accueillie d'une partie de la population, demandait à la commune la réascension au beffroi des trois cloches qui servaient à l'horloge. Le conseil général de la commune « considérant que les pétitionnaires... bien loin d'être régis par le fanatisme, allèguent des motifs d'utilité publique... » décida que les deux cloches de moyenne grosseur seraient remontées et rétablies à leur ancienne place. Le Conseil général ne donnait donc aux pétitionnaires qu'une satisfaction partielle. La réascension se fit le 2 novembre, 12 frimaire an 2, échéance de la ci-devant fête de la Commémoration des Morts. (1)

Quelques citoyens compromis dans cette affaire durent se justifier et protester de leur civisme. Nous remarquons en particulier Nicolas Jeandel et François Sébastien Gromand. Le premier publia et jeta dans le public un factum de onze pages in-4, intitulé : « Mémoire du citoyen Nicolas Jeandel, facteur d'orgues, demeurant à Mirecourt. De l'Imprimerie des Sans-Culottes. » Il résume assez bien les divers incidents de cette campagne politico-religieuse connue sous le nom de *Journée des Cloches.*

Le citoyen Gromand traduit au tribunal révolutionnaire, en exécution d'un arrêté du représentant du peuple, Balthasard Faure, se justifia lui aussi et établit les preuves de son civisme intègre dans un factum de 15 pages in-4, intitulé : « Mémoire pour François Gromand, ci-devant officier municipal de la Commune de Mirecourt. De l'Imprimerie des Sans-Culottes. » « Je n'ai pris, dit-il, aucune part à la pétition relative à la réascension des cloches.... Mon réquisitoire et l'ordre que

____

(1) Ch. Guyot. *Mirecourt pendant la Révolution,* p. 135.

j'ai fait régner dans cette opération, justifient ma conduite Loin d'avoir fomenté les troubles, je les ai empê-
chés par ma présence à la désignation des deux cloches
à remonter et à la délivrance des ferrements. »

La grosse cloche ne fut point fondue et se trouve
aujourd'hui, j'ignore à la suite de quelles vicissitudes,
dans le clocher de Châtel-sur-Moselle.

Au rétablissement du culte, la sonnerie était désorga-
nisée et la ville ainsi que la fabrique paroissiale compri-
rent le besoin de plusieurs cloches servant à la fois de
timbre à l'horloge et d'appel aux cérémonies religieuses.
Sur une demande du bureau des marguilliers, le Conseil
municipal vote le remplacement d'une cloche fendue, du
poids de six quintaux, et admet la nécessité d'en acheter
deux autres L'adjudicataire fut un sieur Thouvenel,
fondeur à Saulxures-les-Bulgnéville, où s'opéra le cou-
lage. Catel fils assistait à la fonte et au moulage, afin de
s'assurer de la bonne qualité du métal. Vers la même
époque, on acquiert une autre cloche de 673 livres, pour
l'annonce des offices ordinaires.

Ces cloches étaient trop petites ; leurs vibrations n'ar-
rivaient pas aux extrémités de la paroisse de plus en
plus prospère et elles ne tardèrent pas à être remplacées.
Le 20 novembre 1822, la municipalité négociait avec
Robert-Rollet, fondeur à Urville, la refonte des cloches
existantes et l'achat d'une plus grosse et d'une plus
petite. Le traité reçut son exécution un mois après, et
les cloches fondues à Mirecourt, dans la maison du sieur
Proy, au faubourg de Mattaincourt (¹), parfaitement

____

(1) Les fondeurs n'avaient pas d'usine, mais se transportaient dans
les localités où on les appelait. Ils bâtissaient un fourneau où le métal entrait en fusion, creusaient dans le sol une fosse où l'on enfonçait
le moule relié au fourneau ; ils couvraient ces préparatifs d'un toit
en planche, et c'était pour les habitants des paroisses une préoccu-
pation grave de savoir si la fonte réussirait.

réussies et bien d'accord, furent placées au beffroi.

La grosse pèse exactement 2754 livres, mesure au cerveau 2^m26 de circonférence, à la couronne inférieure 4^m08 ; elle a 1^m28 de hauteur de la base aux anseaux inclusivement. Elle donne la note *ré* et porte cette inscription :

« *L'an 1822, j'ai été fondue sous l'administration de Mr C.C.P. Cornebois, notaire et maire royal de Mirecourt et bénite par Mr P.M. Parisot, curé de la même ville. J'ai eu pour parrain Mr N. Estivant, avocat, et pour marraine D^{elle} Thérèse-Charlotte Couturier, épouse de Mr Rellot, avocat.*

Voici l'inscription de la moyenne :

L'an 1822, j'ai été fondue sous l'administration de Mr C. C.P. Cornebois, maire et notaire royal de Mirecourt. J'ai été bénite par Mr P. Parisot, curé de la ville, et j'ai eu pour parrain Jacques Lullier et pour marraine D^{elle} Jeanne Monique Catel, Vve Lambery, tous deux de Mirecourt.

Elle pèse 1938 livres. Circonférence du cerveau : 2^m01, de la couronne : 3^m67 ; hauteur avec les anseaux : 1^m12. Elle donne la note *mi*.

La petite cloche a pour inscription :

L'an 1822, j'ai été fondue sous l'administration de M. C. C. C. Cornebois, notaire et maire royal de Mirecourt. J'ai été bénite par M. P. M. Parisot, curé de la ville et j'ai eu pour parrain Jean Ehret et pour marraine D^{lle} Anne-Catherine Mast, son épouse, N^{gt} à Mirecourt.

Elle pèse 1415 livres, mesure 1^m80 au cerveau ; 3^m27 à la couronne, 1^m02 de hauteur avec les anseaux et donne le *fa dièse*.

Le prix des cloches avec les frais de suspension s'élève à la somme de 6542 francs.

On trouve au beffroi une quatrième cloche, plus petite, achetée à la même époque au même fondeur Robert-Rollet. Elle est curieuse et attira l'attention de M. Ch. Guyot qui, d'après les renseignements fournis par M. l'abbé Péru, lui consacra dans le *Bulletin de la Société d'Archéologie lorraine* une intéressante notice (1) d'où j'extrais quelques paragraphes.

« Elle est de provenance allemande, mesurant 0ᵐ73 de hauteur avec les anseaux, 1ᵐ43 de circonférence au cerveau et 2ᵐ60 à la couronne inférieure. Elle donne actuellement la note *la* et porte gravées les inscriptions suivantes dont nous respectons l'orthographe :

Sur la couronne supérieure :

DEM ERTZENGEL MICHAEL GLEICH AUCH MARIÆ MAGDALEN
BIN GEWEIHET ZU ESREN LOB MITHELLEM KLANG VERMEHR

Ce qui veut dire : « J'ai été consacré à l'archange Michel et à Marie-Madeleine ; je multiplie par mes sons clairs la louange en leur honneur. »

Sur la couronne inférieure :

EHELEUT VEZEHREN DAS GE. . . . . E (2)
JACOB LYMPURG DERO CHURF : DHET (3)
ZU COLN MAYER ZU BON DESZ
HOHEN WELTLICHEN GERICHTSS CHEFFEN
DASELBST UND DISZES FREY ANTLICHEN
STIFTS SCHWARGEN RHEINDORFFSCHULTEIS
AUCH KELNER UND CRISTINA
WENTZLERS

---

(1) *Bulletin mensuel de la Société d'Archéologie lorraine.* Décembre 1901, p. 269.

(2) Un marteau d'horloge a effacé, en les écrasant, les lettres absentes. On peut supposer qu'il devait y avoir le mot gelaute, ce qui ferait supposer que cette cloche faisait autrefois partie d'un carillon.

(3) L'abréviation : *dhet*, doit être mise pour Durchlauch(e)t.

Ce qui peut être traduit : « Ont fait hommage de ce carillon les époux Jacob Limbourg, mayeur à Bonn de Son Altesse le prince électeur de Cologne, membre du haut tribunal séculier établi dans cette même ville, de la noble famille des barons de Schwarz-Reindorf, bailli du ressort de Cologne, et Christine Winzlers. »

« On a émis les hypothèses les plus fantaisistes pour expliquer la présence de cette cloche allemande à Mirecourt Mais les comptes de la fabrique donnent la clef de ce mystère ; ils constatent qu'elle a été achetée le 20 novembre 1822, au sieur Robert, fondeur de cloches à Urville. Comment ce fondeur se l'était-il procurée ? C'est ce que l'on ignore ; mais nous pouvons supposer qu'elle avait été enlevée de Bonn lors de l'occupation des provinces rhénanes par les Français pendant la Révolution, à une époque où toutes les cloches étaient fondues pour faire des canons ou de la monnaie de billon.

Celle-ci aura échappé par hasard au sort commun, et Robert s'en sera ensuite rendu acquéreur ».

Argenterie.
Vases sacrés. — Reliquaires.

Les inventaires ecclésiastiques sont accueillis avec faveur. Ces curieux documents fournissent à l'histoire et à l'art d'intéressantes contributions, et méritent d'être tirés de l'oubli. Le premier en date conservé dans les archives de l'Hôtel de Ville de Mirecourt remonte à 1585. L'inventaire de 1633 le reproduit intégralement et y ajoute plusieurs objets. Il mentionne « un Melchisedech d'argent pesant 17 marcs ; un vieux Melchisedech ; un ciboire d'argent ciselé, le pied percé à jour, un calice avec sa platine pesant 4 marcs 1 once ; un deuxième calice, la pomme dorée, avec des chérubins, pesant avec sa patène 2 marcs et demi ; quatre petits calices à l'antique ; une grosse croix d'argent avec un crucifix au mi-

lieu ; aux quatre bouts, d'un côté, sont les évangélistes,
de l'autre, les quatre docteurs ; le plat de la croix d'argent, estampé et enrichi de cornalines, agathes et grena-
des ; un calice en vermeil pesant 2 marcs 7 onces, au
pied se trouvent des armoiries portant un chevron
rompu ; un autre calice d'argent pesant cinq marcs ;
deux boîtes renfermant les saintes Onctions, l'une ronde,
le dessus pyramidal, une croix et un crucifix au-dessus ;
l'autre carrée, supportée par quatre petites boules, une
petite croix au-dessus, pesant ensemble 5 marcs 6 onces ;
une statue représentant Notre-Dame avec un piédestal,
supportée par six petits lions, enrichie de chérubins et
de l'écusson du sieur Canon, qui en est le donateur ; une
lampe d'argent, pendue à la chapelle Notre-Dame, pesant
4 marcs, 3 onces, donnée par le sieur Thomassin et Pau-
line sa femme ; un encensoir d'argent avec sa chaîne,
pesant 3 marcs 5 onces ; deux chopines d'argent, ciselées
en goudron au-dessus, à bords dorés, pesant 9 onces et
demie ; une petite croix d'argent, avec un crucifix d'un
côté, une Notre-Dame de l'autre, un saint François et un
saint Nicolas, pesant 5 marcs 2 tréseaux, donnée par
François Vuillaume, apothicaire ; un petit reliquaire
d'argent, pesant trois onces trois tréseaux ; deux vieux
reliquaires de cuivre doré renfermant les reliques de
saint Eucard et de saint Maurice ; un gobelet d'argent
aux armes de la ville pesant 4 onces 5 tréseaux ; une
croix de cuivre à l'antique dorée de tous côtés, avec un
crucifix d'argent au milieu, au pied duquel se trouve une
grande pierre carrée, couleur de rubis, laquelle a été
enlevée de la dite croix et placée au grand Melchisédech ;
voiles de calices, chapes, chasubles et tuniques ; linges
d'autel, panonceaux. » (1) L'inventaire de 1667 n'offre
rien de nouveau.

---

(1) *Archives de l'Hôtel de Ville*, GG. 2.

D'après un Cartulaire de l'Hôtel de Ville relatif aux usages de l'église paroissiale de Mirecourt, on distribuait, après la communion, du vin aux fidèles qui s'approchaient de la sainte Table à Pâques et aux grandes fêtes de l'année. « Le sieur Mayeur, y est-il dit, ad cause de son office, donne l'ordre que le vin ne manque pas pour les communiants qui se présentent aux bons jours, tant de Pasques, Noël, indulgences générales et quand la chose le requiert. » Voilà pourquoi nous voyons figurer dans l'inventaire de 1633, « deux chopines d'argent et un gobelet d'argent aux armes de la ville, » servant à la distribution du vin aux fidèles après la communion. On suit la trace de cette pratique de 1578 à 1639, mais rien ne prouve qu'elle ne soit antérieure au XVIe siècle et postérieure à 1639. J'ajoute qu'il n'en est fait mention ni dans les statuts synodaux de Toul datant de 1515, les plus anciens qui nous restent, ni dans ceux qui furent édités plus tard.

D'où vient cet usage ?

Quelques auteurs ont pensé que cette distribution de vin aux communiants est un vestige de l'ancienne coutume de la communion sous les deux espèces. L'abbé Corblet [1] cite à ce titre, pour le XIIIe siècle, deux décisions, l'une d'un concile de Cologne (1280), l'autre d'un concile de Nîmes, de 1284. Mais ces deux textes qui nous renseignent sur le fait, ne nous en révèlent pas les origines, et n'affirment aucunement que cette distribution ait pour but de remplacer un rite périmé.

Il est certain que cette pratique existait au XIIIe siècle ; nous la constatons encore au XVIIe, mais c'était, en Occident, la fin de cette coutume. Le Brun dit que de son temps [2] — 1720 — « la plupart des communiants

---

[1] *Histoire du Sacrement de l'Eucharistie.* T. I, pages 619-620.

[2] LE BRUN. *Explication des Cérémonies de la messe.* 1726. T. I., pages 634-635.

croyant n'en avoir pas besoin, et ne prenant pas cette ablution, on ne la présente plus dans les paroisses, mais seulement à Notre-Dame (de Paris), aux communions générales de Noël, Pâques, la Pentecôte, l'Assomption et la Toussaint.

On la présentait aussi aux premières communions générales. Aujourd'hui, dans la liturgie romaine, elle n'est plus en usage que pour la communion de la messe d'ordination. Mais dans la liturgie milanaise, on met encore des vases d'ablution à la disposition des communiants qui, là non plus, n'en usent guère.

Faut-il voir, dans cette distribution de vin, un vestige de la communion sous les deux espèces ? Il serait audacieux de l'affirmer. En effet, Dom Cabrol a récemment attiré l'attention sur un texte de la règle de saint Benoît, contemporain de la communion sous les deux espèces, et qui prescrit au frère hebdomadier de prendre une ablution d'eau et de vin entre la communion et le repas (1). Auparavant déjà, Benoît XIV avait cité à ce sujet un texte plus ancien de Palladius, le biographe de saint Jean Chrysostome. Un des chefs d'accusation contre l'éloquent et saint évêque devant le concile *Ad quercum*, était celui-ci : Il conseillait aux fidèles de boire de l'eau après la communion ou de manger une pastille, afin de n'être pas exposés à rejeter une parcelle, si minime fût-elle, de l'Eucharistie, en expectorant, et lui-même, le premier, en usait ainsi (2).

De ce que les ennemis de Chrysostome lui en firent un reproche, il ne s'en suit pas que l'acte dût être tenu pour condamnable ; car tant d'actes licites lui furent

---

(1) *Dictionnaire d'archéologie chrétienne et de liturgie.* Art. Ablutions. T. I. p. 108.

(2) Benoit xiv, *De missæ sacrificio.* T. II, Ch. XXII, n° 4, et Héfélé-Leclerq, *Histoire des Conciles*, T. II, p. 144, n° 3.

reprochés comme des crimes par des contradicteurs haineux et acharnés !

Il résulterait de ces derniers textes que la distribution de vin aux fidèles après la communion est bien antérieure à la suppression de la communion sous les deux espèces, et se rattache aux rites les plus anciens de l'Eglise.

Le vin donné à Mirecourt aux communiants ne servait donc ni à la communion, ni à la réfection. Il n'était ni consacré, ni même bénit ; on le distribuait, soit peut-être pour garder un vestige de la communion sous les deux espèces, ou plutôt afin que l'hostie se détachât intégralement du palais et des dents. C'était alors nécessaire, parce que les pains d'autels n'avaient pas, avec la consistance suffisante, la ténuité que le respect pour le plus auguste des sacrements leur donne aujourd'hui.

Dans aucune autre ville des Vosges, nous n'avons rencontré l'usage eucharistique jadis en vigueur à Mirecourt.

A la fin du XVIIe siècle, des inventaires d'argenterie d'église se rédigèrent sur l'ordre de Louis XIV, en exécution de l'édit de décembre 1689 et de l'ordonnance du 14 février 1690, qui prescrivaient la fonte d'une portion de ces reliquaires ou vases sacrés. L'inventaire de Mirecourt existe aux archives de l'Hôtel de Ville. (1) Plusieurs objets n'y figurent pas, et l'on se garda bien de le charger, afin de fournir moins de pièces à la monnaie.

On ne se hâtait pas de répondre à l'appel royal, mais au commencement de l'année 1691, Louis XIV écrivait à Mgr de Bissy, évêque nommé de Toul, que « pour empêcher les espèces d'or et d'argent de continuer à sortir du royaume, et pour remplacer en partie celles qui en étaient sorties pendant les années précédentes, il avait

_____

(1) *Archives de l'Hôtel de Ville*, BB. 19.

avec plaisir envoyé à la monnaie les meubles d'argent qu'il avait dans ses appartements ; qu'ayant été informé qu'il y a beaucoup d'argenterie dans les églises, au-delà de celle qui est nécessaire pour la décence du service divin, dont la valeur, étant remise dans le commerce, apporterait un grand avantage à ses sujets, il l'exhorte à examiner ce qu'il y a d'argenterie dans chaque église de son diocèse ; de déterminer ce qu'il sera à propos d'en laisser, outre les vases sacrés aux quels il ne faut point toucher, et ce que l'on pourra livrer à la refonte ; d'ordonner que cette seconde part soit portée dans les monnaies de l'Etat pour être convertie en espèce d'or ou d'argent... » [1] L'église de Mirecourt, d'après la décision du prélat, envoya « à l'Hôtel de la Monnaie, à l'intention du roi de France, trois figures, une de saint Joseph, une de saint Didier et l'autre de saint Nicolas, pesant ensemble 6 marcs ; trois coupes pesant 2 marcs 2 onces ; huit lampes pesant ensemble 7 marcs. » [2]

L'argenterie de l'église Notre-Dame de Mirecourt n'allait pas seulement à la Monnaie, mais par suite du lamentable état financier de la ville, elle s'engouffrait encore, comme garantie de sommes d'argent prêté, dans les coffres-forts de certains particuliers. C'est ainsi qu'en 1660 « les vaisseaux de l'église de Mirecourt sont entre les mains de Nicolas Regnault, hôtelier à Nancy, pour sûreté d'une somme de 800 francs que la ville lui doit. » [3]

Vers la même époque, d'autres objets de grande valeur : une croix d'argent enrichie de plusieurs pierre-

---

(1) L'abbé Guillaume. *Histoire du diocèse de Toul...* T. III, pages 435 et 436.

(2) *Archives de l'Hôtel de Ville*, BB. 20.

(3) *Archives de l'Hôtel de Ville*, CC. 38. Cette somme ne fut payée qu'en 1664. CC. 40.

ries, pesant 3 livres 1 once ; un reliquaire de Notre-Dame avec deux cristaux, posé sur un pied d'argent, pesant dix onces et demie ; un grand calice avec sa platine, pesant 17 onces et demie et un trézeau ; un petit calice en argent doré avec sa platine, pesant 14 onces ; un autre calice en argent pesant 10 onces ; le pied d'argent d'un grand Melchisédech, enrichi de deux anges et des quatre évangélistes, pesant trois livres et demie, sont engagés à Demoiselle Judith Bonlarron, veuve du sieur Legrand qui, le 21 novembre 1662, prête à la ville une somme de cinquante pistoles d'Espagne.

De 1690 à la Révolution, les inventaires deviennent rares et n'offrent aucun intérêt artistique.

Et de cette argenterie mentionnée dans les inventaires des âges précédents, rien ne reste, tout a disparu : vases sacrés et leurs pierreries, joyaux ciselés par nos artistes lorrains, statues, reliquaires, la Révolution a tout confisqué, profané, anéanti. Quand Dieu, dit Châteaubriand, pour des raisons qui nous sont inconnues, veut hâter les ruines du monde, il ordonne au temps de prêter sa faux à l'homme, et le temps nous voit avec épouvante ravager en un clin d'œil ce qu'il aurait mis des siècles à détruire.

Telle est l'église Notre-Dame de Mirecourt. En dépit de ses nombreuses et dégradantes mutilations, elle a reçu les éloges de prélats illustres et de savants archéologues. Est-ce sa faute si les générations anciennes et modernes l'ont affublée d'un masque qui l'enlaidit et dérobe à l'œil sa beauté native ?

Que faudrait-il pour la lui restituer ?

1° Démolir les appartements qui règnent au-dessus et sur toute la longueur du collatéral nord, et ouvrir les fenêtres qui l'éclairaient de ce côté.

------

(4) *Archives de l'Hôtel de Ville*, BB. 12.

2º Démolir les deux maisons qui l'avoisinent et qui au midi la surchargent par des constructions superposées.

3º Faire rentrer les orgues dans l'intérieur de la tour, avec une tribune peu saillante et dans le style de cette partie de l'édifice.

4º Reconstruire les piliers coupés en plusieurs endroits et particulièrement dans le chœur.

5º Remplacer les stalles et les grilles du sanctuaire par d'autres en rapport avec l'architecture du monument.

6º Réparer les fenêtres du chœur et de la nef et replacer, où ils manquent encore, les meneaux qui les divisaient autrefois.

7º Pour compléter l'édifice au double point de vue de l'assainissement et de l'art, on pourrait reporter à l'extérieur une portion des marches qu'il faut descendre pour atteindre le niveau de la nef ; on diminuerait ainsi le contre-bas actuel et on gagnerait à l'entrée une hauteur suffisante pour établir des portes en accord avec le style du portail, à la place de celles qui existent et datent du XVIIIᵉ siècle.

8º Enfin, si l'église devenait insuffisante, à la suite de l'accroissement de la population ou d'un réveil de la foi, on pourrait construire un transept qui comprendrait les troisième et quatrième travées de la nef et s'étendrait à droite et à gauche, sur le terrain fourni par les deux maisons démolies. L'édifice aurait alors la forme d'une croix grecque, et au moyen d'une rampe très douce on arriverait facilement à l'intérieur par ce transept.

L'église Notre-Dame serait digne alors de la religieuse population de Mirecourt.